Addolorata

DU MÊME AUTEUR
Gens du silence (1982)

MARCO MICONE

Addolorata

Editions Guernica

Les Editions Guernica
C.P. 633, succursale N.D.G., Montréal
Québec, Canada H4A 3R1

Copyright © 1984 Les Editions Guernica et Marco Micone
Imprimé au Canada
Publié pour la première fois en 1984.
Publié pour la première fois dans le format de poche en 1987.

Photocomposition: LHR

Dépôt légal — 1er trimestre
Bibliothèque nationale du Québec et
Bibliothèque nationale du Canada

Données de catalogage avant publication (Canada)
Micone, Marco
Addolorata
ISBN 2-89135-017-0
I. Titre.
PS8576.127A75 1987 C843'.54 C87-090093-5
PQ3919.2.M53A65 1984

À Ginette

ADDOLORATA
a été jouée pour la première fois, à Montréal,
par la troupe La Manufacture, à La Licorne,
le 16 février 1983, dans une mise en scène
de Lorraine Pintal.
Addolorata (19 ans): Linda Sorgini
Addolorata (29 ans): France Desjarlais
Giovanni/Johnny: Guy Thauvette
Le narrateur: Alain F. Zouvi
Scénographie et régie: Claude Pelletier
Direction: Réal Tremblay
Maquillage: Joan Isaacson
Voix de l'enfant: Pasqualino Mastantuono

PERSONNAGES

Addolorata	29 ans
Lolita	19 ans
Johnny-Giovanni	19-29 ans

Lolita et Addolorata: deux moments dans la vie de la même personne. Lolita a dix-neuf ans; Addolorata, vingt-neuf. Sauf pour un grain de beauté sur une joue, Lolita-Addolorata a beaucoup changé. Elle a vieilli physiquement, mais a mûri aussi. Addolorata porte une robe, des bas et des souliers noirs, tandis que Lolita est affublée d'une robe fleurie aux couleurs vives.

Johnny-Giovanni, à la fois fiancé à dix-neuf ans et époux à vingt-neuf, ne change pas physiquement, mais a beaucoup à apprendre. Il est habillé simplement. On remarquera qu'après le mariage, il ne se fait plus appeler Johnny, mais Giovanni.

Comme décor, il y a deux petites tables de chaque côté de la scène, deux chaises et sur chaque table une petite boîte de carton contenant des lettres, un téléphone et un bottin téléphonique.

Le narrateur peut être masqué. La musique d'accompagnement rappellera le folklore italien méridional.

PROLOGUE

Giovanni et Addolorata sont d'un côté de la scène depuis un bon moment. Giovanni est debout. Addolorata assise. Le narrateur entre. La musique se fait à peine audible.

LE NARRATEUR

Giovanni et Addolorata ont immigré dans notre immeuble il y a vingt ans. Dans quelques instants, vous allez assister au drame de ce jeune couple du 13e étage. Ici, le premier étage est le plus haut, tandis que le 14e, là où habitent encore les premiers résidants, c'est le sous-sol. Aux autres étages, il y a les Grecs, les Portugais, les Espagnols, les Haïtiens.

Moi, je demeure au 13e depuis 15 ans. Beaucoup sont arrivés avant moi, d'autres après. Dans notre immeuble, la couleur de chaque étage est différente ainsi que la langue qu'on y parle. Nous, par exemple, portons tous un habit de couleur brune. N'en sont dispensés que les comédiens pendant les représentations théâtrales.

Fait nouveau, depuis quelque temps, on nous oblige à utiliser la langue du 12e étage que nous parlions, de toute manière, plus souvent que celle du *first floor*.

C'est ici, au théâtre, que les propriétaires et les contrôleurs de l'immeuble apprennent comment nous vivons. Ils descendent régulièrement de leurs étages ensoleillés une fois par semaine, de préférence le samedi soir. Comme il fallait s'y attendre, ils sont tous convaincus que Giovanni et Addolorata sont les seuls responsables de leur condition et que, surtout, ils n'ont aucune raison de se plaindre puisque dans beaucoup d'immeubles, les gens n'ont même pas de quoi manger.

> *Changement d'éclairage.*
> *Musique plus forte.*

Comme Addolorata, il y en a des milliers. Mais ne les cherchez pas là où le jour se lève. Elles sont de celles dont le sourire est terni. Elles sont de celles qui vivent dans la nuit.

Cherchez-les toujours au 13e étage. Parmi la foule à la sortie d'une usine. Cherchez-les parmi celles qui ont les jambes enflées, les reins brisés, l'âme meurtrie, le visage vieilli. Elles sont là, coin Saint-Laurent et Chabanel, ou Saint-Urbain et Port-Royal. S'il y a une d'elles qui tombe, aidez-la. C'est peut-être ma sœur, ma mère ou la vôtre.

Pour celles-ci, les étages ensoleillés sont défendus. Elles se consolent toutefois en regardant ceux du sous-sol dont on a confisqué l'immeuble et ceux du 12e étage qui, croyant le posséder, ne font que l'administrer.

Comme Giovanni aussi, il y en a des milliers. Mais ne les cherchez pas là où le jour se lève. Ils sont de ceux dont le sourire est terni. Ils sont de ceux qui vivent dans la nuit.

Cherchez-les au 13e étage, parmi les déracinés, les marginalisés, parmi ceux qui se heurtent à des portes fermées.

Ils sont là, à Saint-Michel ou à Saint-Léonard, ouvriers ou chômeurs, à l'usine ou dans une salle de billard.

Si l'un d'eux tombe, aidez-le. C'est peut-être mon frère. Mais s'il se relève, marchez avec lui, car alors, c'est sûrement le vôtre aussi.

> *La musique continue un moment, puis on fait l'obscurité.*

PREMIÈRE SCÈNE

*Deux tables, deux chaises et une boîte conte-
nant des enveloppes sur chaque table. Un
bottin téléphonique sur chaque table et un
téléphone à chacune des extrémités de la scène.
Eclairage du côté de Lolita.*

*Lolita est à genoux, lave le plancher. Près
d'elle : un seau d'eau qu'elle déplace de temps
à autre. Sur le plancher traîne une boîte de
récurant «Ajax» renversée. Après quelques
secondes, entre Johnny.*

JOHNNY

Brusquement.

J'voulais venir hier soir, mais j'ai pas pu. J'me suis
chicané jusqu'à minuit avec mon père. I voulait qu'on
invite not' boss, *Christ*! Tu parles d'une affaire: avoir
mon boss su'l'dos même le jour de mon mariage!

Il lui tend des feuilles.

C'est ça les invités de not' côté. Y en a presque deux
cents.

LOLITA

Mets-les sur la table.

Elle poursuit son travail.

JOHNNY

Christ, tu pourrais t'arrêter un petit peu. T'es pas à l'usine ici.

LOLITA

Ma mère est entrée à l'hôpital hier, j'suis toute seule pour faire le ménage.

JOHNNY

Panique pas, t'as tout l'après-midi pour faire ça. Viens donc faire un tour dans mon char, j'suis sur mon heure de dîner.

LOLITA

J'peux pas.

JOHNNY

Tu manques quèque chose.

Il fait le geste d'appuyer sur le klaxon et en imite le son.

Ta ta ta ta ta ta.

Lolita lève la tête, esquisse un sourire. Lui, exubérant:

Ouais, j'ai fait installer mon criard musical. Ta ta ta ta ta. Viens-tu?

LOLITA

J'peux pas, Johnny. T'as vu la liste sur la table?

JOHNNY

Quelle liste?

LOLITA

La liste de ce que j'ai à faire.

JOHNNY

Tu finiras demain si t'as pas le temps de tout faire aujourd'hui.

LOLITA

Tu connais pas mon père.

JOHNNY

J'suis presque ton mari, là. Je vas i dire à ton père qu'i est pas le seul à pouvoir te dire quoi faire.

LOLITA

C'est pas pour lui que je le fais. C'est pour ma mère.

JOHNNY

Se frotte les pieds.

Okay, j'ai compris. J'm'en vas.

Un temps.

Qu'est-ce que c'est ça, cette poudre blanche-là? Y en a partout su'l'plancher.

LOLITA

C'est de l'Ajax. C'est mon père qui fait ça, le matin, avant de partir, pour être sûr qu'on lave partout.

JOHNNY

Christ!

LOLITA

I paraît que son boss lui fait la même chose à l'usine.

> *Johnny reste debout, mais dos au public.*
> *L'éclairage change. Après quelques secondes,*
> *on voit apparaître Addolorata, habillée de*
> *noir. Elle ne dit mot. Elle se met à genoux et*
> *Lolita lui remet la brosse. Lolita se lève et sort.*
> *Addolorata commence à laver le plancher pen-*
> *dant que Giovanni le saupoudre de récurant.*

DEUXIÈME SCÈNE

L'éclairage envahit toute la scène. Tout est là sauf le seau d'eau. Elles sont au téléphone.

ADDOLORATA

Hier soir? On a mangé des têtes d'agneau au four. On n'a pas mangé ici.

ADDOLORATA ET LOLITA

Ce soir?

ADDOLORATA

Ce soir, on mange des *cavatelli*.

LOLITA

De la *polenta* et des saucisses.

ADDOLORATA ET LOLITA

Demain? J'sais vraiment pas ce qu'on va manger demain. J'sais vraiment pas.

Une porte claque. Les deux tressaillent.

ADDOLORATA ET LOLITA

J'peux plus te parler, là. I vient d'entrer. Tu me conteras ça la prochaine fois.

> *Très énervées, elles raccrochent les téléphones.*
> *Puis, d'une voix chevrotante:*

LOLITA

C'est toi, papa?

ADDOLORATA

C'est toi, Giovanni?

> *Un temps. Addolorata s'assoit.*

ADDOLORATA ET LOLITA

Ça doit être le vent.

> *Esquissent un rictus.*

J'sais pas ce qui me prend d'avoir peur du vent comme
ça.

> *Chacune d'elles vide la boîte qui est sur la table*
> *et en sort des dizaines d'enveloppes.*

LOLITA

> *Excitée, elle prend les enveloppes dans ses*
> *mains et les laisse tomber sur la table.*

Tout ce monde-là à mon mariage? Si tout le monde
vient, on sera presque quatre cents personnes. Ça sera le
plus beau et le plus gros mariage!

Elle en fait de petits paquets égaux.

ADDOLORATA

Y en a pas beaucoup qui sont venus te voir, toi, maman. C'est toujours la même chose dans les salons mortuaires. I viennent pour se faire voir, eux. I viennent pour rencontrer les gens du *villaggio* qu'i avaient pas vus depuis des années pour parler de leurs maisons et de leurs enfants. I ont tout' la plus belle maison et les plus beaux enfants. I sont tout' premiers de classe leurs enfants et i vont tout' être avocats ou médecins.

Y a que mes enfants qui... Et à part ça, i faut les remercier, i faut leur envoyer une photo de toi, maman, qu'i jetteront à la poubelle. I faut même les remercier...

LOLITA

Ton solennel: elle ouvre l'enveloppe et lit.

«Vous êtes cordialement invités au mariage de Mlle Addolorata Zanni et de M. Giovanni Manzo, le 14 août 1971, à l'église Notre-Dame-de-Pompei à 13 h. et à la réception qui aura lieu à 19 h.

Très excitée.

Cinq heures pour prendre les photos! Je vas avoir un album aussi épais que le livre de téléphone. J'suis pas mal chanceuse!

Soucieuse.

J'espère seulement qu'i pleuvra pas.

ADDOLORATA

Elle ouvre l'enveloppe et lit:

«Nos plus sincères remerciements pour la sympathie que vous nous avez témoignée lors du décès de Mme Gloria Zanni, le 17 juillet 1981. Sa fille, Addolorata Manzo.»

LOLITA ET ADDOLORATA

Lolita: excitée, Addolorata: grave.

M. Giacomo Pirro.

Elles consultent le bottin téléphonique pour y trouver l'adresse.

LOLITA

M. Giacomo Pirro, 7527 Fabre, Montréal.

ADDOLORATA

M. Giacomo Pirro, 428 St-Léonard de Vinci…

Elle se corrige.

… rue Léonard de Vinci, Saint-Léonard.

LOLITA

Antonio Gambino, 742 rue de Gaspé, Montréal.

ADDOLORATA

Antonio Gambino, 912 rue Rome, Saint-Léonard.

LOLITA ET ADDOLORATA

Pasquale Stabile, 5240, rue Saint-Urbain, Montréal.

LOLITA

Carlo Bottega, 3725 est, rue Jean-Talon, Montréal.

ADDOLORATA

Carlo Bottega, 526, rue Saint-Jean XXIII, Ville d'Anjou.

LOLITA

Rocco Spada, 2342, rue des Carrières, Saint-Léonard.

ADDOLORATA

Rocco Spada, 246, boul. Des Ormes, Nouveau-Bordeaux.

LOLITA

Adriano Campo, 7943, rue Garnier, Montréal.

ADDOLORATA

Adriano Campo, 6782, boul. de la Constitution, Rivière-des-Prairies.

LOLITA

C'est dans deux mois. Dans deux mois, je vas pouvoir faire ce que je veux. Je t'aurai plus dans mon dos, papa. Jamais plus.

ADDOLORATA

Maintenant que t'es plus là, maman... maintenant que t'es plus là, je pourrai plus te faire de peine. C'est décidé! J't'aurai plus dans mon dos, Giovanni. Jamais plus.

LOLITA ET ADDOLORATA

Finalement, je vas pouvoir faire ce que je veux.

Brusquement, Addolorata et Lolita se lèvent.

ADDOLORATA

Oh! Ma sauce tomate est en train de brûler.

TROISIÈME SCÈNE

Lolita est dans la cuisine. Eclairage normal.

LOLITA

J'en ai partout. J'suis arrivée juste avant que la sauce tomate commence à coller. Heureusement!

Arrêt du brassage.

Y a une chose que j'comprends pas. Pourquoi quand l'eau bout ça revole pas partout, mais quand c'est la sauce tomate qui bout et que t'enlèves le couvercle, c't'un vrai feu d'artifice. T'en as partout. Partout.

Elle recommence à tourner la sauce.

J'ai même failli en avoir dans un œil. Une chance que j'ai fermé les paupières à temps.

En prenant la cuillère pleine de sauce.

Depuis l'âge de neuf ans que j'fais ça.

Soufflant dessus, y goûtant.

Mardi et jeudi. Le dimanche, c'est au tour de ma mère.

Chez nous, après le problème de la langue, c'est la sauce tomate qui cause le plus de chicanes. I faut qu'elle soit ni trop sûre, ni trop sucrée, ni trop brune, ni trop rouge, ni trop piquante, ni trop salée, ni trop épaisse, ni trop liquide.

C'est tellement important qu'on le répète chaque dimanche au téléjournal du programme italien. I devraient faire la même chose au téléjournal de Radio-Canada au lieu de parler toujours de politique ou de catastrophes. Par exemple, dimanche dernier, après nous avoir montré un reportage sur le dernier tremblement de terre, M. Pagliacci en personne nous a dit comment réussir une bonne sauce avec les tomates qu'il importe lui-même d'Italie. I se donne tellement de peine pour nous autres. Moi, j'trouve que c'est un programme vraiment bien fait.

On n'est quand même pas pour se priver de manger parce que des gens meurent de faim et de froid. C'est déjà assez dur de les regarder mourir à la télévision! Après tout, i avaient qu'à émigrer comme tout le monde. J'sais pas pourquoi les gens s'entêtent à vouloir rester en Italie du Sud. S'ils aiment ça tellement, i peuvent aller passer leurs vacances là-bas, mais pas plus.

Le programme de M. Pagliacci, je l'aime aussi pour une autre raison. Ça me permet de pratiquer le vrai italien. L'italien du monde riche.

> *Un temps.*

Non, c'est pas ça... j'ai un oncle riche, mais i parle pas cet italien-là.

> *Elle réfléchit.*

C'est l'italien du monde qu'on connaît pas...

> *Un temps.*

24

… et l'italien des voyages… Moi, je vas apprendre beaucoup de langues et aller partout, faire le tour du monde.

Un temps.

Mais avant… mais avant, j'aimerais ça pouvoir aller en bas de la ville, au moins une fois, danser dans une vraie discothèque.

QUATRIÈME SCÈNE

Du côté de Lolita apparaît Johnny. Johnny a l'air soucieux. Elle est surprise de le voir à cette heure-là.

LOLITA

Qu'est-ce que tu fais là? T'es pas à ton travail?

Johnny ne répond pas, il est figé sur place.

T'aurais pas dû venir. Tu connais pas encore mon père?

JOHNNY

Fuck your old man.

LOLITA

Johnny…

JOHNNY

Je m'en crisse de ton père, si tu veux le savoir.

LOLITA

Johnny. Comment tu parles?

JOHNNY

Comment tu veux que je parle? Je viens de perdre ma job.

LOLITA

Han? Encore?

JOHNNY

Ouais. C'est la troisième fois cette année.

LOLITA

Pourquoi?

JOHNNY

Je le sais-tu, moé? Penses-tu que le boss te l'explique? I m'a dit seulement qu'i avait plus de travail.

LOLITA

C'en est une explication ça.

JOHNNY

Fuck, on a fait de l'overtime jusqu'à la semaine dernière parce qu'i avait trop de travail. Pis là, i viennent nous dire qu'i en a plus.

LOLITA

Si c'est comme ça, i vont te rappeler dans pas grand temps, c'est sûr. Moi, La Baie me rappelle toujours. Ça fait cinq fois qu'elle me rappelle cette année.

JOHNNY

Mais moé, *fuck*, i m'rappelleront pas.

LOLITA

T'es bien…

Elle cherche le mot.

T'es donc pas optimiste.

JOHNNY

Quoi?

LOLITA

Tu vois tout en noir.

JOHNNY

J'te dis qu'i vont pas me rappeler. I la ferment leur maudite usine.

LOLITA

I pourront pas la garder fermée tout le temps. I vont la rouvrir. Tu vas voir.

JOHNNY

I vont plus la rouvrir, parce qu'i partent. I sacrent leur camp.

LOLITA

Où est-ce qu'i vont aller?

JOHNNY

En Amérique du Sud. Au moins si…

Interrompu.

LOLITA

En Amérique du Sud? J'ai une cousine là-bas.

JOHNNY

Il la regarde, étonné.

T'as l'air contente, toé.

LOLITA

Je viens de te dire que j'ai une cousine là-bas. Mais pourquoi est-ce qu'i vont si loin?

Rapidement elle répond à sa propre question.

C'est peut-être parce que c'est bien plus chaud là-bas. Ma cousine m'a envoyé une photo d'elle à la plage le jour de Noël. Elle se baignait.

JOHNNY

Ces compagnies-là iraient même au Pôle Nord si y avait une piasse à faire.

LOLITA

Elle réfléchit.

C'est peut-être parce que le patron est sud-américain.

JOHNNY

Je l'sais-tu, moé? Le patron, on l'a jamais vu. I paraît

qu'i a tellement d'usines qu'i a même pas le temps de toutes les visiter.

LOLITA

C'est pas grave. Qu'i déménagent. Tu vas voir, c'est comme au mois de juillet ici. Y a bien des maisons qui se vident, mais à la fin, elles sont toutes remplies quand même. L'année passée, notre locataire a déménagé à Roxboro et sais-tu qui a pris sa place?

Un temps.

Dis quèque chose...

JOHNNY

Qu'est-ce que tu veux que ça me fasse?

LOLITA

Une famille de Roxboro, Johnny. C'est-tu assez fort? Qu'elle déménage en Amérique du Sud, ton usine. J'te gage qu'une usine de l'Amérique du Sud va déménager ici.

Un temps. Johnny hausse les épaules.

A part d'ça, du travail y en a partout.

JOHNNY

Fuck, you're blind.

LOLITA

Fâche-toi pas contre moi, j'essaie de t'aider, c'est tout.

JOHNNY

J'suis pas fâché. Qu'est-ce qui te fait penser que j'suis fâché?

LOLITA

Oui, t'es fâché. Chaque fois que tu parles en anglais, c'est que t'es fâché.

JOHNNY

Furieux.

Tu me dis qu'y a du travail partout. *Fuck*, y a la moitié de mes chums qui se trouvent pas de travail. Jimmy, i peut même plus sortir son char parce qu'i peut pas payer les assurances.

LOLITA

Je vas te les payer tes assurances, moi. Mais i faut plus que tu me parles en anglais.

JOHNNY

Hors de lui.

Tu comprend jamais rien. C'est ma troisième job que je perds depuis un an.

Moqueur.

«Viens travailler avec moé,» qu'i me disait mon père. «On gagne pas beaucoup, mais c't'une job sûre, c't'une grosse compagnie. Ça fait dix-sept ans que j'travaille là. J'ai jamais perdu une journée,» qu'i me disait le vieux. J'suis allé. Puis deux mois après, me v'là sans travail. J'ai même pas fait dix-sept semaines.

LOLITA

Ton père aussi?

JOHNNY

L'usine a ferme. Pas seulement pour moé. A ferme pour tout le monde, *dummy*.

LOLITA

Excédée.

Tu me conteras le reste au téléphone, Johnny. I faut que tu partes, i faut pas que mon père nous trouve ensemble.

JOHNNY

J'peux pas rentrer à la maison tout d'suite, le vieux va me tuer.

LOLITA

Qu'est-ce que t'as fait de tellement grave?

JOHNNY

Si tu l'avais vu quand j'ai sacré l'camp de l'usine... Pour lui, j'suis un paresseux. C'est le boss qui ferme l'usine, mais c'est moé le coupable. I voulait que je reste à travailler encore un mois.

LOLITA

Tu viens de me dire que l'usine est fermée.

JOHNNY

Y a encore un mois de travail pour tout emballer les machines.

LOLITA

Et t'es pas resté?

JOHNNY

T'es comme mon père, toé. Rester pour emballer les machines? Moé? Moé, j'ai punché et j'suis parti tout' d'suite. I me feront jamais faire mon cercueil. Y a que les vieux qui sont restés. Ces gens-là creuseraient même leurs tombes si on les payait... Moé, *Christ*, c'est pas les machines que j'aurais emballées, mais les boss... A part d'ça, j'avais envie de mettre le feu à la baraque, de tout' faire sauter. Mais avec le nombre de vieux qu'y a là...

> *Un temps.*

C't'à cause des vieux que les usines ferment. Moé, j'ai jamais été en Amérique du Sud, mais j'suis sûr qu'i doit y avoir une aut' gang de vieux là-bas pour accepter les usines des aut'!

LOLITA

Dis pas ça, ma cousine est là.

JOHNNY

Fuck your cousin too. I don't give a damn.

> *Un temps.*

J'avais la chance d'apprendre quèque chose. J'travaillais sur une grande machine, aussi grande que la cuisine. Moé, tout seul. Je pesais sur le piton puis ça partait: boum, chlak, boum, chlak, boum, chlak. Les feuilles d'acier «noxydables» se pliaient comme des feuilles de papier. J'te dis que c'était pas le temps de se mettre les doigts dans le nez. I fallait faire vite en sacrament.

J'enlevais le bout de métal plié, je le cordais à ma gauche, je prenais une strip de métal à droite, je la mettais dans la machine: gauche, droite, machine, gauche, droite, machine.

Plus vite.

Gauche, droite, machine, gauche, droite, machine.

Il essuie sa sueur.

J'avais pas le temps de niaiser. J'me demande si en Amérique du Sud, i sont capables de faire ça: gauche, droite, gauche, droite, gauche, droite.

Un temps.

C'est moé tout seul qui contrôlais ma machine, tout seul. *I had a trade. Finally, I had a trade.* C'est ça un métier: quand on peut faire quèque chose tout seul... et qu'on se sent quelqu'un. *Christ, I was beginning to feel important.*

LOLITA

Compréhensive.

Pense plus à ça, Johnny. Quand on sera mariés, on s'en trouvera des jobs, et des payantes à part d'ça.

Pause.

JOHNNY

C'est quand même étrange. Quand on était au *villaggio*, tout le monde émigrait pour aller là où étaient les grosses compagnies, astheure, c'est les grosses compagnies qui émigrent là où sont les ouvriers pas chers.

34

LOLITA

Avec tendresse.

On s'en trouvera des jobs, Johnny, des jobs payantes, tu vas voir.

Soudain, elle s'écrie:

Oh! ma sauce tomate.

CINQUIÈME SCÈNE

L'éclairage doit suggérer une atmosphère onirique. On n'éclaire que Johnny et Lolita. Addolorata reste dans l'ombre.

JOHNNY

J'sais pas si on devrait. J'ai peur.

LOLITA

Peur de quoi?

JOHNNY

J'ai pas de travail.

LOLITA

Je vas travailler, moi. Aie pas peur, Johnny.

JOHNNY

Les fins de semaine à la Baie, c'est pas beaucoup. On devrait attendre. *Fuck, I'm really afraid*. On devrait attendre. Les invitations sont pas encore parties... I est pas trop tard.

LOLITA

Elle se jette au cou de Johnny.

J'en peux plus de rester avec mon père. J'en peux pus.

Elle pleure.

Eclairage sur les trois personnages. Johnny ne bougera que sa tête selon la provenance des voix, sauf quand ce sont les deux qui parlent.

ADDOLORATA

Dix ans, c'est assez. J'en peux plus.

LOLITA

J'en peux plus d'être obligée de rester à la maison même le samedi soir.

JOHNNY

Okay, okay, on va se marier, *fuck*!

ADDOLORATA

J'en peux plus de rester toujours toute seule.

JOHNNY

C'est pas de ma faute.

LOLITA ET ADDOLORATA

J'en peux plus.

LOLITA

... d'être obligée de voir mes amies en cachette.

JOHNNY

Okay, on va se marier.

ADDOLORATA

… de pas avoir d'amies. De pas pouvoir sortir.

JOHNNY

Qu'est-ce que tu veux que j'y fasse?

LOLITA ET ADDOLORATA

J'en peux plus…

LOLITA

… de ses gifles.

ADDOLORATA

… de tes viols.

LOLITA

… de ses cris.

ADDOLORATA

… des chicanes.

LOLITA

… de cette maison.

ADDOLORATA

… de la rue Jean-Talon.

LOLITA

… de passer pour une moins que rien.

ADDOLORATA

… d'être une moins que rien.

Elles regardent Johnny.

LOLITA ET ADDOLORATA

De jamais rien décider. J'en peux plus.

LOLITA

… d'être sa fille.

ADDOLORATA

… d'être ta femme. Dix ans, c'est assez.

JOHNNY
A Lolita.

J'ai compris.

LOLITA ET ADDOLORATA

Je veux changer de vie.

JOHNNY
A Lolita.

J'ai compris.

LOLITA ET ADDOLORATA

Je veux respirer moi aussi.

JOHNNY

A Lolita.

Tais-toi, j'ai compris.

Les mains sur le visage.

SIXIÈME SCÈNE

On fait l'obscurité complète. Après quelques instants, le narrateur réapparaît, s'éclairant avec une lampe et s'adressant au public:

LE NARRATEUR

Ne vous en faites pas. Ce n'est qu'un avertissement. Cela nous arrive très très souvent. Les contrôleurs du premier étage coupent le courant sur la scène lorsqu'ils trouvent les propos des comédiens inacceptables. Mais, heureusement, cela n'arrive qu'une fois pendant la même pièce. Si le reste de la pièce leur déplaît, ils ne coupent plus le courant, ils en interdisent tout simplement d'autres représentations. J'espère que vous n'aviez pas l'intention de revoir cette pièce! Les contrôleurs du premier étage nous ont déjà fait savoir le genre de pièces qu'ils préfèrent. Ce sont les comédies légères, les drames psychologiques ou toute autre pièce dont le moteur de l'action est la fatalité. Au 13e étage, nous qualifions ce théâtre de prostitutionnel.

Il se déplace comme pour partir.

J'oubliais. Depuis quelque temps, ils raffolent aussi de drames où la femme voit en son mari ou son père la seule source de ses malheurs. Ils n'ont jamais tant ri. Ils se préparent d'ailleurs à augmenter encore une fois les taux d'intérêt et le nombre de chômeurs...

    Le courant est aussitôt rétabli.

Oh! On recommence.

SEPTIÈME SCÈNE

*Giovanni entre avec un bâton de billard dans
une main. Addolorata continue d'écrire des
adresses. Puis il lance un carnet de banque sur
la table. Personne ne parle pendant un bon
moment. Giovanni en profite pour réparer son
bâton.*

ADDOLORATA

Qu'est-ce que tu fais là? T'es pas dans ta salle de
billard?

Long silence.

GIOVANNI

T'as pas encore fini? Ça fait deux jours que t'écris des
adresses.

ADDOLORATA

Timidement.

Y a plus de deux cents lettres à envoyer.

GIOVANNI

Deux cents photos de ta mère...

Il rit.

Si les Italiens prenaient moins de photos aux mariages, aux baptêmes et pour les funérailles, i auraient toutte payé leurs hypothèques. Quand j'pense qu'y a dix ans, ça nous a coûté quatre cents piasses pour les photos de mariage. Imagine ce que ça doit coûter aujourd'hui.

ADDOLORATA

Elle lance un regard énigmatique.

On n'aurait jamais dû.

GIOVANNI

Il répète machinalement.

Ouais, on n'aurait jamais dû.

Puis se ressaisit.

Qu'est-ce que tu veux dire par là?

ADDOLORATA

La même chose que toi.

GIOVANNI

Un instant méfiant, puis.

C'est du gaspillage. A part de ça, on n'aurait jamais dû inviter tellement de monde. I ont même pas donné cinq piasses par personne en cadeau.

ADDOLORATA

Ça t'a quand même permis d'acheter ta salle de billard.

GIOVANNI

T'oublies que la maison est venue avec.

Un temps.

Demain, on a un paiement à faire sur la maison et toi, t'as pas déposé ton chèque de paye.

ADDOLORATA

Avec l'argent des cadeaux, on devait aller en voyage de noces, t'en rappelles-tu?

GIOVANNI

Porcocane, moi j'te parle de ton chèque d'avant-hier et toi, tu me parles d'une chose d'y a dix ans!

ADDOLORATA

Je m'en souviens comme si c'était hier. Et ça me revient chaque fois que j'te donne mon chèque. Ça me fait penser à l'histoire que me racontait mon grand-père quand je voulais pas aller à l'école. «La vie, qu'i disait, c'est comme un grand château avec un nombre infini de pièces. Chaque pièce a une porte et derrière chaque porte, y a une clé pour ouvrir la suivante. La première clé, tu viens au monde avec — c'est pas de ta faute — mais la deuxième, c'est l'école.» C'est ça que mon grand-père me disait. Le voyage de noces, Giovanni, c'était une clé, ça aussi. Tu l'as jetée dans la salle de billard et on n'a jamais pu ouvrir les aut' portes.

GIOVANNI

J'avais pas d'travail. Et à part d'ça, j'étais tanné de me faire mettre à la porte à tous les trois mois. A la longue, tu finis par croire que t'es plus bon à rien. On te garroche à gauche et à droite comme un vieux torchon... A dix-neuf ans, c'est dur pour ton moral. *Anche i coglioni ti tremano.*

ADDOLORATA

T'as bien fait, Giovanni. T'as bien fait de financer une salle de jeu pour les vauriens du quartier. Ça te rassure d'être entouré de fainéants et de maniaques qui se frottent les *coglioni* sur les coins du billard. Tu devrais réengager la putain des premières années comme serveuse. Ça les calmerait un peu.

GIOVANNI

Tu sauras qu'y a des gens instruits qui viennent dans ma salle de billard. Des gens instruits qui sont de not' bord.

ADDOLORATA

I sont tellement de not' bord que tu fais une vraie fortune avec eux autres. Tu fais presque cent cinquante piasses par semaine...

GIOVANNI

... clair. Cent cinquante piasses par semaine clair, comme toi. C'est ça que les gens comme nous autres gagnent. On n'est pas les seuls. Y a la moitié des Québécois qui gagnent pas plus.

ADDOLORATA

Sauf qu'y en a pas beaucoup qui travaillent jusqu'à trois heures du matin.

GIOVANNI

C'est ça les immigrants. Le travail à la pièce que tu fais à l'usine, c'est pas mieux. C'est ça les jobs qu'on est forcés de faire.

ADDOLORATA

C'est toi qui m'a forcée à faire ce travail-là. Personne d'autre. Si j'avais continué à travailler à La Baie à temps partiel, avec le temps, j'aurais travaillé des semaines pleines. J'serais une vendeuse. Derrière un comptoir propre, avec du monde propre, je porterais du linge propre...

GIOVANNI

On avait besoin d'argent. Tu gagnais même pas vingt piasses par fin de semaine.

ADDOLORATA

Ça fait neuf ans que je suis collée à ma machine à coudre. Je me sens pourrir et j'ai même pas trente ans. Même pas trente ans, Giovanni.

GIOVANNI

Si l'émigration était une bonne chose, on l'aurait pas laissée aux pauvres comme nous autres et nos parents. C'est comme pour ton travail. C'est comme pour mon travail. C'est pas les grandes dames de Westmount qui vont descendre de leurs châteaux pour venir travailler à ta place, ni leurs maris pour venir travailler à ma place. La clé, eux autres, c'est pas derrière une porte qu'ils l'ont trouvée, mais sur not' dos. Regarde-les. C'est pas eux autres qui font les souvlakis, qui chauffent les taxis. C'est pas eux autres les cordonniers, c'est pas eux autres les barbiers. Les jobs dangereuses et les jobs pas payantes, qui est-ce qui les fait? Nous autres. Toujours nous autres, les immigrants. Ta mère, c'est pas le travail à la maison qui l'a tuée. C'est son patron à l'usine en l'obligeant à travailler à la pièce. Toujours plus vite. Toujours plus vite. Elle en faisait jamais assez. Nous aut', les immigrants, on a un seul avantage sur tous les autres: c'est que la crise, on la voit même pas passer, on la sent même pas, parce que c'est depuis qu'on est nés qu'on vit dedans. Mais moi, Giovanni Manzo, j'me ferai jamais tuer par un patron. C'est pour ça que j'travaille à mon compte, pour faire mes affaires tout seul.

ADDOLORATA

Ta salle de billard aussi, tu vas la payer tout seul. Mon chèque de paye, tu l'auras plus.

GIOVANNI

Et avec quoi je vas payer l'hypothèque? I faut se dépêcher de tout rembourser avant l'échéance si on veut pas se faire saigner par la banque.

ADDOLORATA

J'en veux plus de patron moi non plus.

GIOVANNI

Combien de fois j't'ai dit de te faire envoyer le travail à la maison. Tu pourrais t'occuper des enfants en même temps, tu te sentirais moins coupable.

ADDOLORATA

On parle pas de la même chose. Mon chèque de paye,

c'est la dernière clé qui me reste. Je vas pas l'échapper celle-là.

GIOVANNI

Lâche-moi avec tes histoires de clé.

Il prend le carnet de chèques et le redépose sur la table.

Et si demain tu déposes pas *ton* chèque dans *mon* compte de banque, j'te renvoie chez ton père.

Il sort.

ADDOLORATA

Chez mon père?

Elle rit.

Chez mon père? Je vas plus l'échapper cette clé-là. Je vas plus l'échapper.

HUITIÈME SCÈNE

La scène est plongée dans le noir. On ne voit que les visages de Giovanni et d'Addolorata éclairés d'une lumière blanche. On entend le grincement d'une porte qui s'ouvre et le bruit d'une clé qu'on tourne.

ADDOLORATA

Je l'ai trouvée. Elle était derrière la porte.

GIOVANNI

Où est-ce qu'on est, Addolorata?

ADDOLORATA

J'sais pas, mais je vois une grande pièce baignée de soleil avec une fenêtre qui donne sur la mer. Regarde par là, y a un couple en habits de mariés qui nous fait signe d'aller les rejoindre.

GIOVANNI

C'est pas ça que je vois, moi.

ADDOLORATA

I nous appellent. Viens, Giovanni. Viens.

GIOVANNI

Je vois pas la même chose que toi.

ADDOLORATA

Qu'est-ce que tu vois?

GIOVANNI

Des soldats. Des soldats partout. Des centaines de
soldats qui courent fusil à la main après une poignée de
paysans. Je reconnais mon père. Il est devant tout le
monde. Cours, papa, cours. Plus vite. Plus vite.

Cri d'Addolorata.

Qu'est-ce qui se passe? Je vois rien.

ADDOLORATA

Moi non plus. Comment on va faire pour trouver l'autre
clé? Comment on va faire pour ouvrir les autres portes?

*Eclairage sur Giovanni. On entend en voix off
une voix d'enfant.*

VOIX D'ENFANT

Pourquoi t'es parti travailler tellement loin, papa? Tu
m'avais promis de rentrer pour ma première communion. Pourquoi t'es pas venu?

Un temps.

J'en voulais pas de communion. I m'ont forcé à la
prendre et moi je l'ai crachée. J'avais dit à maman que
je ferais ma première communion seulement si t'étais là.
Reviens, papa. Qui t'a obligé à aller travailler tellement
loin? Ça me tente plus d'aller à l'école depuis que t'es

parti. Reviens, j'ai peur de dormir tout seul. Reviens vite. J'ai rempli un gros panier de figues. On les mangera près du puits. Y a plus d'eau dans le puits depuis que t'es parti et les brebis n'ont plus d'agneaux. Reviens, papa. J'ai peur de rester tout seul. J'ai peur. Qui t'a obligé à aller travailler si loin? On a besoin de toi, ici. Reviens. Reviens, papa. On a besoin de toi pour la fête du *villaggio*. Y a personne pour chanter. Reviens, papa.

La musique continue pendant un bon moment.

NEUVIÈME SCÈNE

Addolorata fait sa sauce tomate. Giovanni entre en se frottant les yeux.

GIOVANNI

J'peux pas dormir.

ADDOLORATA

L'après-midi c'est pas fait pour dormir de toute façon.

GIOVANNI

Quand est-ce que tu veux que je me repose? *Porcocane*!
Un temps.

J'dors plus comme avant, depuis que ta mère est morte.

ADDOLORATA

J'savais pas que tu l'aimais à ce point-là.

GIOVANNI

Tu sais bien que je pouvais pas la sentir. Son cœur a fini par péter, tant mieux.

ADDOLORATA

Tu t'en es débarrassé. Tu devrais être content, non?

53

GIOVANNI

Ouais. J'suis content de plus l'avoir dans les jambes. «Giovanni, tu devrais te trouver un vrai travail d'homme. Tu devrais garder ta femme à la maison. Les enfants ont besoin de leur mère à la maison.»

Grimaçant.

«C'est pas un travail d'homme, travailler dans une salle de billard.» Qu'est-ce que c'est un travail d'homme? Se faire casser les reins à la construction? Se faire brasser du matin au soir par un marteau-pilon? Se faire rôtir comme sur un barbecue en posant l'asphalte? Ou c'est peut-être aller travailler dans une usine sur des machines qui te donnent même pas le temps de respirer. *Porcocane*! Qu'est-ce que c'est un travail d'homme?

Un temps.

Mais le soir, quand ces hommes-là rentrent à la maison, tout le monde est surpris de les voir agir comme des animaux. C'est bien difficile de faire autrement quand on est traités comme des animaux du matin au soir. Mais…

Il hésite, fait quelques pas, revient.

ADDOLORATA

Mais quoi?

GIOVANNI

Mais, toi, t'as changé depuis qu'elle est morte. T'as drôlement changé.

ADDOLORATA

Ça doit être parce que moi aussi j'suis contente de plus

54

l'avoir dans les jambes.

GIOVANNI

Pourtant, elle a toujours pris ta défense. Elle t'a toujours aidée. Puis, j'comprends pas pourquoi: t'es devenue une vraie tigresse depuis qu'elle est morte.

ADDOLORATA

Une tigresse, moi? J'ai tout simplement décidé de faire ce que je voulais faire depuis longtemps.

GIOVANNI

Et qu'est-ce que tu voulais faire depuis longtemps?

ADDOLORATA

Hésite.

Partir.

GIOVANNI

Etonné.

Quoi? Où ça?

Ne la prenant pas au sérieux, il se moque d'elle.

Toi, partir?

ADDOLORATA

Oui, je vais partir. Je veux plus vivre avec toi. Est-ce que tu comprends ça? C'est pour ça que j'ai gardé mon chèque. Je peux le faire maintenant. Je l'aurais fait avant, mais j'avais peur que ma mère fasse une autre crise cardiaque.

GIOVANNI

Il ne la prend toujours pas au sérieux.

Et… quand est-ce que tu serais partie si…

ADDOLORATA

C'est pas important, puisque je pouvais pas.

GIOVANNI

On a été mari et femme pendant dix ans et tout à coup…

ADDOLORATA

… dix ans que tu rentres à trois heures du matin, dix ans qu'on mange jamais ensemble, dix ans à demeurer au-dessus de ta salle de billard, à entendre les grossièretés de tes clients et à voir mes enfants se traîner dans la ruelle. Dix ans que tu t'occupes pas de tes enfants, dix ans que j'te donne mon chèque. C'est ça nos dix ans de mariage, jamais de plaisir, jamais de vacances. Depuis qu'on va plus à Oka, on va nulle part.

GIOVANNI

Oka, c't'un égout à ciel ouvert, j'ai pas envie d'aller me mettre les pieds dans merde, ni d'aller respirer la fumée de dix mille barbecues. Les gens comme nous autres font du camping sur le bord des autoroutes ou i vont se corder à Wildwood comme des sardines. C'est ça que tu voudrais? Vas-y! Moi, ça m'intéresse pas. A part d'ça, aussi longtemps que Reagan sera là, les Américains me verront pas la face. I vont jamais se servir de mon argent pour financer leur missiles. Toi, tu comprends pas ça. C'est des gens comme toi qui font qu'y a des Reagan au pouvoir. Veux-tu te mettre dans la tête qu'on est des immigrants?

56

ADDOLORATA

Excédée.

Des immigrants… Ça fait vingt ans qu'on est là.

GIOVANNI

/Dans quarante ans, on sera encore immigrants. *Sempre.* C'est pas les années qu'on reste ici qui font qu'on est immigrants ou non, c'est la façon qu'on vit. Dans un pays où les riches et les patrons mènent le gouvernement par le bout du nez, tous les pauvres, tous les ouvriers sont des immigrants, même s'i s'appellent Tremblay ou Smith. Si c'est pas nous aut' les ouvriers qui prenons les décisions, on n'aura jamais de pays. C'est pour ça qu'on est tous des immigrants./Penses-tu que ceux qui prennent les décisions à not' place pensent à nos intérêts? Regarde autour de toi: de tous ceux qui sont venus d'Italie, y en a un sur mille qui a réussi. Et pas toujours honnêtement. Les plus dangereux, c'est ceux qui viennent boire le cappuccino en levant le petit doigt (*Il mime le geste.*) et en arrondissant la bouche comme un cul de poule.

ADDOLORATA

Franchement, t'es en bonne compagnie.

GIOVANNI

Si j'avais seulement ces trous-de-cul-là comme clients, j'aurais fermé y a longtemps. J'te l'ai dit une centaine de fois. Y a des gens instruits qui viennent dans ma salle de billard. Et des vieux. I m'ont appris beaucoup de choses en dix ans. Les vieux, c'est les seuls livres pour des gens comme moi qui ont pas été habitués à lire. J'ai appris beaucoup de choses en dix ans.

ADDOLORATA

Excepté l'essentiel. Vous parlez seulement de politique.

GIOVANNI

Qu'est-ce qu'y a de mal à ça? Tu sauras que ça sert à rien de se crever au travail, on change jamais rien, les enfants des ouvriers restent ouvriers et en arrachent comme leurs parents. Comme toi, comme moi. C'est avec la politique qu'on change les choses. Et si ça marche pas, on fera tout sauter. J'suis pas le seul à le dire. On va s'débarrasser de tout les drapeaux. I aura plus de drapeau italien, plus de drapeau grec, plus de drapeau québécois dans not' chemin. On va plus se laisser diviser.

ADDOLORATA

En tout cas, *ta* politique n'a pas changé grand-chose pour nous autres et encore moins pour moi.

GIOVANNI

T'aurais voulu que j'te renferme dans une grosse maison de Saint-Léonard? C'était ça le rêve de ta mère. T'aurais dû faire deux shifts à l'usine pour la payer la grosse maison, c'est moi qui te le dis. T'aurais eu deux fois plus de ménage à faire aussi; surtout avec toute la poussière du boulevard Métropolitain et des carrières de ciment. Saint-Léonard, c'est comme le Stade olympique: un gros tas de ciment trop cher pour nos moyens qu'on devrait couvrir au plus sacrant. Ouais, c'est pas le Stade qu'on devrait couvrir, mais Saint-Léonard.

ADDOLORATA

Ça sert à rien. Tu parles toujours des mêmes affaires.

T'as jamais rien compris. Va donc réaliser les rêves de ta mère.

Avec mépris.

Vattene. Non mi rompere più i coglioni.

Ne croyant pas au départ d'Addolorata, Giovanni se moque d'elle.

Toi, partir?

Il rit.

Toi, partir?

Il rit.

DIXIÈME SCÈNE

Elle prend la guitare et joue quelques accords.

LOLITA

C'est pour Johnny que j'apprends à jouer de la guitare. J'suis sûre qu'i va aimer ça, cette chanson-là. Pour moi, en tout cas, ça été le coup de foudre.

Elle chante un couplet de Guantanamera. *Elle joue et chante mal.*

LOLITA

J'ai des frissons partout quand je chante cette chanson-là. Je vas lui chanter pendant le voyage de noces. Ça me fera quèque chose à faire... et puis c'est tellement romantique!

Elle soupire.

Quand j'pense que j'ai failli tout manquer à cause de mon nom! Avec un nom comme Zanni, t'es toujours en dernier de tout. Quand j'suis allée au cégep pour m'inscrire au cours d'espagnol, y avait plus de place. J'ai pas pu me retenir, j'ai fait une crise de larmes devant tous les professeurs. Je les ai eus! I ont fini par me donner mon cours d'espagnol. J'pense que ça été le plus beau jour de ma vie, même plus beau que ma première communion. En tout cas, quand j'suis allée au premier cours, c'était comme si j'allais dans un party: toutes mes amies étaient là. Toutes des Italiennes, excepté pour une Anglaise. Heureusement qu'elle est partie après trois semaines. J'ai jamais entendu quelqu'un prononcer si mal. Ces gens-là sont vraiment pas doués pour les langues. C'est peut-être pour ça qu'i ont obligé tellement de monde à apprendre la leur.

Un temps.

Le professeur d'espagnol, c'était un professeur tellement... tellement *hermoso y caloroso*. I nous a mis à l'aise tout de suite en nous chantant *Guantanamera*. Depuis ce jour-là, je l'ai chantée au moins une fois par jour.

Elle en chante un couplet.

Si ç'avait pas été pour les cours d'espagnol, je serais pas restée longtemps au cégep. Mais même avec ça, une année c't'assez. Y a tellement de chômage que ça sert à rien de s'instruire. Les chômeurs instruits, c'est connu, sont beaucoup plus malheureux que les chômeurs qui sont pas instruits. Moi, je veux pas être malheureuse.

En septembre, quand je vas m'inscrire aux cours du soir, je vas prendre deux cours d'espagnol. Là, j'vas les avoir mes quatre langues. Avec quatre langues, je peux me marier sans crainte. Si Johnny connaissait quatre langues, j'suis sûre qu'y aurait moins peur de se marier.

Silence.

L'anglais et le français, j'és ai appris à l'école bilingue. A l'école bilingue française. C'est pour ça que je parle le français naturel. Je réfléchis même pas quand je parle. C'est la seule école bilingue française de Montréal. Mais les bonnes sœurs étaient tellement dures qu'on pouvait presque rien faire. Défense de parler dans les corridors. Défense de sortir de la cour à midi. Défense de mâcher de la gomme. Défense même de rester trop longtemps dans les toilettes: une minute pour le pipi, pas plus. La bonne sœur qui surveillait les toilettes, on l'appelait la «merdeuse».

Elle rit.

C'est moi qui lui avais trouvé ce nom-là. Défense de ci... défense de ça... C'est pas pour rien que l'école s'appelle Notre-Dame-de-la-Défense. A Saint-Léonard, i a déjà eu des écoles bilingues anglaises pour les Italiens, mais ç'a pas marché. I se sont aperçus que c'est pas nécessaire d'enseigner les deux langues à l'école parce que les Italiens apprennent déjà le français dans la rue. Et la rue, pour apprendre le français, c'est pas pire que l'école. C'est la même chose pour l'italien. On n'a pas besoin de l'étudier: on a ça dans le sang. Pour nous les Italiens, l'école est presque pas utile. Tous mes amis ont lâché ça le plus vite possible. Moi, j'passe pour l'intellectuelle de la gang. Johnny, lui, a même pas terminé sa dixième année. Quand on est intelligent comme lui... on s'ennuie toujours à l'école.

Moi, je m'ennuie jamais. Je m'ennuie jamais avec mes quatre langues. J'peux parler l'anglais le lundi, le français le mardi, l'italien le mercredi, l'espagnol le jeudi. Et les quatre à la fois le vendredi.

Grave.

La fin de semaine, je parle pas parce que mon père est là.

Exubérante.

Je peux aussi parler l'anglais avec mes amis, le français avec les gens d'ici, l'italien avec les fatigants et l'espagnol avec certains clients. Je m'ennuie jamais avec mes quatre langues.

Avec mes quatre langues, je peux regarder les soap operas en anglais, lire le T.V. Hebdo en français, les photoromans en italien et chanter *Guantanamera.*

L'éclairage revient à la normale.

Quand je pense qu'y en a qui se marient avec une seule langue et qu'elles sont heureuses… Je me vois déjà mariée, avec quatre langues. Qu'est-ce que ça doit être! Mais celle que je préfère, c'est l'espagnol. J'sais pas ce que je donnerais pour être une vraie Espagnole. A La Baie, quand j'ai des clients espagnols, je me présente comme Lolita Gomez. C'est tellement plus beau qu'Addolorata Zanni. C'est tellement laid, Addolorata, que presque toutes mes cousines ont changé de nom. Celle qui est à Toronto se fait appeler Laurie. C'est la cousine que j'aime le moins. Est tellement bizarre. Elle étudie des affaires d'homme. Elle veut être «avocat». Elle parle seulement l'anglais. Elle dit qu'elle parle aussi l'italien, mais quand elle essaie, elle parle moitié anglais, moitié italien. J'sais pas où elle va aller avec une seule langue et demie. J'ai une autre cousine en Argentine. Dolorès qu'elle s'appelle. C'est elle qui m'a envoyé la guitare quand mon oncle est venu en visite. C'est tellement beau Dolorès! Ma dernière cousine est presque aussi haïssable que celle de Toronto. Elle vit au *villaggio.* A pas changé de nom, elle. Elle se fait encore appeler Addolorata. Je comprends pas qu'on se fasse appeler Addolorata en

1971. Elle, elle parle vraiment comme un homme: toujours de politique. Dans les petits villages en Italie, y a beaucoup de monde qui sont comme ça: pas tellement évolué. Quand j'suis allée en vacances l'année passée, j'suis pas sortie plus de deux fois avec elle. Je préférais sortir avec ma tante Rosaria qui m'emmenait voir des beaux sanctuaires. On a même été voir «Padre Pio». Padre Pio, c'est comme le frère André ici. Y avait tellement fait de miracles ce jour-là que je regrettais de pas être infirme. J'veux pas dire que les infirmes étaient plus infirmes après avoir été bénis par lui. Non, les aveugles restaient toujours aveugles et ceux qui boîtaient continuaient à boîter. Mais ils souriaient, oui, ils souriaient. Pour la première fois, ils étaient contents d'être infirmes, vraiment contents. C'est ça le miracle. J'oublierai jamais ce sanctuaire-là: c'est pas loin de mon *villaggio*. I fait toujours beau dans ce coin-là. Selon moi, c'est la meilleure place pour avoir des indulgences en plein air. A côté de ça, la politique, c'est tellement plate. A Saint-Léonard, on vient d'élire deux députés italiens, seulement parce qu'i sont italiens. Je me souviens de la veille des élections quand i sont passés chez nous. I ont jamais parlé de ce qu'i voulaient faire quand i seraient députés. Non. I ont parlé de vin avec mon père. Tout le temps qu'i sont restés. Après quelques verres i ont même chanté des chansons cochonnes avec mon père.

Rire gêné.

Une vraie scène de campagne. I sont repartis aussitôt qu'i ont appris que mon père pouvait pas voter parce qu'i a pas sa citoyenneté.

Avec mépris.

Députés... Même des chiens auraient été élus à leur place s'i pouvaient japper en italien.

64

Un temps, puis avec force.

Même mon père aurait pu être élu.

Un temps.

Ma sauce tomate!

ONZIÈME SCÈNE

Addolorata est assise à sa table écrivant les adresses.

ADDOLORATA

C'est pas des cartes de remerciement que je devrais envoyer... Je devrais leur écrire ce que je pense d'eux autres.

Maudite famille! *Maledetto villaggio*! La grosse Rosa: une vraie vipère. Même au salon mortuaire.

Elle se moque.

«T'habites encore dans le même logement, Addolorata? Tu dois l'aimer. Ma fille, elle, vient de s'acheter une grande maison à Rivière-des-Prairies. Ta mère était plus qu'une cousine pour moi. C'était une vraie sœur.»

Elle a même sorti une larme, la grosse hypocrite. C'en finissait plus au salon. Tout le monde avait sa larme de circonstance, puis son petit commentaire pour me tourner le fer dans la plaie. «T'as bien vieilli, Addolorata!» «Tes enfants sont bien pâles, Addolorata!» «Ton mari est pas au salon, Addolorata?»

J'en aurai plus de mari, moi. Avez-vous compris?

Elle lit des noms de femmes sur les enveloppes.

J'en aurai plus de mari. As-tu compris, Cristina? As-tu compris, Antonietta? As-tu compris, Rina? J'en aurai plus, moi. Et vous, je veux plus vous voir. J'en ai assez de vous voir comme des petits chiens effrayés auprès de vos loups de maris. J'en ai assez de vos robes noires. J'en ai assez de voir vos visages de cadavres à côté de vos maris qui boivent et qui chantent dans toutes les fêtes. J'en ai assez de vous voir mourir pour vos enfants. J'en ai assez de voir vos petits habillés comme des cartes de mode et se faire dire de pas bouger pour pas se salir. J'en ai assez de vous voir sortir de vos sous-sol comme des taupes. J'en ai assez de vous voir faire des tonnes de conserves. J'en ai assez de vous voir cacher vos maladies, de vous voir jouer aux femmes jamais fatiguées. J'en ai assez de vous voir revenir de l'usine, préparer le souper, le servir, manger debout, laver la vaisselle, faire les sandwiches, passer la balayeuse, faire la lessive, repasser, crier après vos filles, aller vous coucher à minuit, être violées par vos maris, vous lever à six heures, préparer le petit déjeuner, partir avant tout le monde, courir à l'usine, rester clouées à vos machines à coudre, être harcelées par vos boss, être sous-payées, retenir le pipi, travailler à la pièce, manger sur la machine à coudre, puis recommencer, encore recommencer, toujours recommencer.

Un temps, émue.

Je veux plus être comme vous.

Elle reste figée un bon moment, puis se lève brusquement en disant:

Oh! la sauce tomate.

DOUZIÈME SCÈNE

L'éclairage est multicolore. On entend une musique très joyeuse. C'est la remise des deux trophées aux deux gagnantes du concours: La reine du foyer.

Chacune d'elles tient dans ses mains un trophée qui n'est autre qu'un chaudron monté sur une base quelconque. Elles portent aussi un masque.

L'animateur annonce la venue des deux lauréates:

ANIMATEUR

Mesdames et messieurs, voici les deux gagnantes ex-aequo du concours: *La reine du foyer.*

DEUX FEMMES

J'ai gagné l'trophée d'la reine du foyer.
Comme toutes les reines j'ai peu d'liberté.
Je règne sur le ménage et la cuisine
Et pour me distraire, je travaille à l'usine.
A propos d'mes sujets, moi, j'en ai six.
Je parle de mon mari et de mes cinq fils.

Je travaille pour ce prix depuis vingt ans (*grisant, grisant*).

Moi, je serai reine pendant longtemps (*tentant, tentant*).

Elle travaille pour ce prix depuis vingt ans (*grisant, grisant*).

Elle, elle sera reine pendant longtemps.

Et le soir quand j'arrive à la maison
Ils sont tous devant la télévision.
Ils sont tellement beaux, c'en est émouvant.
Souvent, je prépare le souper en pleurant.
Quand tout est prêt, ils viennent manger.
S'ils trouvent ça bon, j'me fais pas engueuler.

Quand on règne sur un mari et cinq fils (*supplice, supplice*).

On est plus que reine, on est impératrice (*matrice, matrice*).

Quand on règne sur un mari et cinq fils (*supplice, supplice*).

On est plus que reine, on est impératrice.

L'homme a des besoins qu'i n'peut contrôler.
Après vingt ans, j'sais comment l'rassasier.
En quelques secondes j'le fais éjaculer.
Il s'endort vite dans un soupir de volupté.
J'lui d'mande jamais rien de peur de l'exténuer.
J'suis cinq fois mère mais toujours immaculée.

C'est c'qu'il faut faire pour gagner, j'suis égoïste, je le sais.

Je n'pense qu'à mon trophée, j'pense qu'à mon trophée.

C'est c'qu'il faut faire pour gagner, est égoïste, elle
le sait.
A pense qu'à son trophée, a pense qu'à son
trophée.

Traits tirés, dos voûté et yeux cernés.
Doigts gercés, souffle court, j'les ai mérités.
Car en plus d'être femme, je suis immigrée.
Ma beauté à moi, elle est cachée,
Les temps sont durs, c'est la crise galopante.
J'suis deux fois coupable, comme femme, comme
immigrante.

Après tout, ce qui compte c'est de gagner (*olé, olé*).
Je n'pense qu'à mon trophée, j'pense qu'à mon
trophée.
Après tout, ce qui compte c'est de gagner (*olé, olé*).
A pense qu'à son trophée, a pense qu'à son
trophée.

C't'avec des femmes comme moi qu'un pays s'bâtit.
Faut faire vite des enfants, le Québec vieillit.
Depuis qu'viennent les matrices d'Europe et d'Haïti
Y'a plus d'enfants mais pas plus de garderies.
Pour que l'Etat fasse des économies,
Moi, j'ai fait venir ma vieille mère d'Italie.

Avec des femmes, femmes comme moi, tout le
monde il est content.
Mais l'plus content d'tous, c'est l'gouvernement
(*Maman, Maman*).
Avec des femmes, femmes comme elle, tout le
monde il est content,
Mais l'plus content d'tous, c'est l'gouvernement.

Au salaire minimum, ma job est trop payante.
Ça diminue d'autant les profits de Westmount.
Une nuit, j'ai gaspillé, dans une salle d'urgence,
Les fonds publics à cause d'une défaillance.
J'fus réveillée l'matin par une immigrante,
Sa moppe s'était coïncée sous ma chaise roulante.

> Soyons moins exigeantes, nous les reines immigran-
> tes.
> La preuve qu'on n'a trop c'est qu'on est vivantes.
> Soyons moins exigeantes, nous, les reines immi-
> grantes.
> La preuve qu'on n'a trop, c'est qu'on est vivantes.
> Vivantes, vivantes, immigrantes.

TREIZIÈME SCÈNE

Lolita est coiffée de son voile de mariée qui lui tombe sur le visage. Johnny lui donne son bras. L'éclairage suggère une atmosphère onirique.

LOLITA

On va pas vivre comme nos parents, hein, Johnny?

JOHNNY

Fuck, pour qui tu me prends?

LOLITA

Tu vas être gentil avec moi, eh Johnny? Tu vas m'ouvrir la porte quand on va aller au restaurant?

JOHNNY

Hey, fuck, I have manners me.

LOLITA

Tu vas tirer ma chaise?

JOHNNY

Ouais, mais je vas pas la repousser. J'aime pas ça.

LOLITA

T'en fais pas, je vas le faire moi-même. Je vas aussi pouvoir commander ce que je veux?

JOHNNY

A condition que c'est toi qui le manges.

Il rit: se trouve drôle.

Mais tu vas pas prendre une heure pour choisir.

LOLITA

Oh non, je le sais déjà ce que je veux.

Excitée.

JOHNNY

Quoi?

LOLITA

J'aimerais ça manger des escargots.

JOHNNY

C'est quoi ça?

LOLITA

Ça goûte beaucoup beaucoup l'ail.

JOHNNY

Ça serait pas plus simple de manger de l'ail?

LOLITA

Puis on va se tenir la main et on va se pencher un petit peu sur la table pour se parler.

JOHNNY

Qu'est-ce qu'on va se dire?

LOLITA

Ben, on peut parler de ce qu'on mange.

On entend l'orgue.

LOLITA

Y a pas beaucoup de monde à l'église, c'est plate.

JOHNNY

Tu sais bien qu'i viennent seulement pour manger. T'en fais pas, i vont tous être là à la réception ce soir.

L'orgue arrête de jouer.

LOLITA

Tu vas m'emmener visiter le centre-ville, hein, Johnny?

JOHNNY

Qu'est-ce que t'aimerais voir?

LOLITA

Moi, j'connais seulement La Baie.

JOHNNY

Ben, y a presque rien d'autre au centre-ville.

LOLITA

Et les discothèques?

JOHNNY

C'est pas pour toi les discothèques.

LOLITA

On pourrait aller au jardin botanique.

JOHNNY

On va y aller pour les photos tantôt. Tu vas voir, à part les serres, y a pas grand chose. Y a ben plus de légumes dans le jardin de ton père.

LOLITA

Ça fait rien. Ça fera une sortie.

JOHNNY

Remonte ton voile. On est arrivé au jardin botanique.

LOLITA

Fais-le, toi.

> *D'un geste brusque, Johnny lui remonte le voile.*

LOLITA

Doucement! Doucement!

Elle baisse le voile.

Je veux prendre au moins une photo avec mon voile baissé.

Elle pose.

Souris, Johnny. Souris comme moi.

Elle remonte le voile. Et ils posent pour le photographe imaginaire: 1) joue contre joue; 2) Johnny à genoux; 3) Lolita à genoux; etc.

On entend la marche nuptiale jouée à l'accordéon, très fort.

LOLITA

On est déjà arrivé à la salle de réception! Regarde-moi le monde!

JOHNNY

J'te l'avais dit qu'i seraient tous là pour manger.

LOLITA

Tu parles comme mon père, Johnny.

JOHNNY

Tiens, y a presque plus d'enfants que d'adultes. Y commencent déjà à courir partout. On peut jamais avoir la paix.

LOLITA

Tu parles comme mon père, Johnny.

JOHNNY

Regarde ta tante de Toronto. Elle a tout mis sur elle. C't'un vrai arbre de Noël avec ses breloques. Regarde-la, a trois bracelets en or. Elle peut même pas lever le bras.

LOLITA

Tu parles comme mon père, Johnny. Tu parles comme mon père.

JOHNNY

What's wrong with that?

> *Johnny lui enlève le voile. L'éclairage revient à la normale. Gauchement, Johnny se jette sur elle. Il essaie de l'embrasser.*

LOLITA

> *Elle essaie de l'éloigner.*

Non, Johnny. Mon père peut rentrer d'une minute à l'autre.

JOHNNY

Fuck, on va se marier dans deux mois.

> *Il lui ouvre la blouse. Essaie d'embrasser ses seins.*

LOLITA

Johnny, j'entends un bruit. C'est mon père qui entre. I faut que tu t'en ailles. I faut que tu t'en ailles.

Johnny sort en courant pendant que Lolita se rhabille en disant:

LOLITA

Si mon père me voyait.

Au même moment, on entend un vrombissement de moteur pendant que Lolita dit:

Plus fort, Johnny, plus fort.

Le bruit se fait plus fort.

Va-z-y, Johnny.

Elle gesticule de plus en plus.

Va-z-y, va-z-y, Johnny.

Le bruit continue. Tout à coup, elle porte les mains sur ses seins et les laisse descendre voluptueusement jusqu'au pubis. Elle se cabre en disant:

Encore, Johnny. Encore. Encore.

QUATORZIÈME SCÈNE

On ne voit que les trois visages.

LOLITA

J'ai une surprise pour toi, Johnny.

JOHNNY

Fuck, écarte tes jambes.

LOLITA

Ça me fait mal, Johnny.

GIOVANNI

A Addolorata.

Tourne-toi.

ADDOLORATA

Tu m'as réveillée encore une fois, Giovanni.

GIOVANNI

Pourquoi? Tu voudrais faire ça en dormant?

ADDOLORATA

T'es un écœurant.

JOHNNY-GIOVANNI

Aux deux.

Ecarte. Ecarte tes jambes. C'est pas une aiguille que j'ai.

LOLITA

Ça me fait mal.

JOHNNY

C'est normal.

LOLITA

Ça me fait très mal.

JOHNNY

C'est normal.

LOLITA

Pourquoi, à toi, ça te fait pas mal?

JOHNNY

C'est normal.

LOLITA ET ADDOLORATA

Ça me fait mal.

JOHNNY-GIOVANNI

Qu'est-ce que tu veux que j'y fasse? Les Italiennes restent vierges même après dix ans de mariage. Mais bouge, fais quèque chose. Ici. Ici. Pince-moi ici. Plus fort. Plus fort. Ça marche pas. Ça marche pas. Ote-toé, je vas finir ça tout seul.

On le voit, dos au public, qui se masturbe.

ADDOLORATA

Tu m'as toujours fait mal.

LOLITA

C'est pas comme ça que je l'imaginais.

JOHNNY

Je vas m'en souvenir longtemps de ma nuit de noces. Même pas une fois. Mon chum, i a fait ça quatorze fois. Moé, si ça continue comme ça, ça va me prendre un an. Même pas une fois! J'ai été obligé de finir ça tout seul.

LOLITA

Pleure.

Ça me faisait mal. Je pouvais pas.

JOHNNY

Si mes chums savaient ça, j'sais pas de quoi j'aurais l'air. C'était pas une nuit de noces, c'était un jour de première communion.

LOLITA

J'ai une surprise pour toi, Johnny.

JOHNNY

Dépêche-toé, j'ai envie de dormir.

Il tourne le dos au public.

LOLITA

Elle prend la guitare et chante Guantanamera, *la voix brisée, puis:*

Je voudrais que tu m'appelles Lolita, Johnny. Appelemoi plus Addolorata. Tu me le promets, Johnny?

Pas de réponse.

Johnny?

ADDOLORATA

Giovanni?

LOLITA ET ADDOLORATA

Tu dors déjà?

LOLITA

On va pas vivre comme nos parents, hein Johnny?

Addolorata et Giovanni suggérant la chambre à coucher. On entend les sanglots d'Addolorata.

GIOVANNI

Il se réveille.

Porcocane. Tu pleures encore? Qu'est-ce que j't'ai fait? C'est moi qui devrais pleurer d'être obligé de me crosser comme un adolescent après dix ans de mariage. J'ai même pas droit à ce plaisir-là. J'te dis que tu portes bien ton nom, Addolorata: «la vierge des douleurs».

ADDOLORATA

C'est les seules fois que tu me touches. C'est la seule chose qu'on fait ensemble et tu me demandes même pas mon avis.

GIOVANNI

J'ai besoin de dormir. Tais-toi.

ADDOLORATA

C'est la dernière fois, j'te le jure. J'te jure que c'est la dernière fois.

> *L'éclairage diminue pendant un moment. Addolorata tend les bras du côté de Lolita au visage transfiguré. Elles se rejoignent au milieu de la scène, au son d'une musique grave, se lovant langoureusement.*

QUINZIÈME SCÈNE

Addolorata reprend son activité. Long silence.

ADDOLORATA

Je pars. Je vais loger chez Maria pendant quelque temps.

GIOVANNI

Je t'avertis. Si tu sors d'ici, tu vas plus y remettre les pieds. *Mai più, capito?*

ADDOLORATA

Aie pas peur. Si je pars, c'est pas pour revenir. Tu peux pas comprendre ça, toi. T'es jamais resté ici assez longtemps pour t'en écœurer.

GIOVANNI

J'suis pas à l'aut' bout du monde. Ça fait dix ans que je suis juste en d'sous. Tu peux pas dire que c'est le paradis. Tu peux pas dire que c'est plus confortable qu'ici. J'y passe presque vingt heures par jour: de huit heures du matin à trois heures de la nuit. Et la plupart du temps à attendre.

Très fort.

Tu penses que j'suis pas écœuré, moi, de vendre des gommes ballounes, quèque cafés puis des cigarettes, une ou deux à fois? Tu penses que j'suis pas écœuré?

ADDOLORATA

Si t'étais vraiment écœuré, t'aurais fait quèque chose, t'aurais changé de job.

GIOVANNI

Porcocane! Montréal est plein de chômeurs et d'assistés sociaux. Essaie, toi, de changer de travail.

ADDOLORATA

C'est pas ça qui m'écœure le plus.

GIOVANNI

Furieux.

Dis-le donc, ce qui t'écœure.

Addolorata ne répond pas.

GIOVANNI

Il insiste.

De pas être riche? T'es pas la seule. Tout le monde voudrait être riche. Mais y a un crisse de problème, c'est qu'on peut pas être riches tous en même temps. Ça se peut pas. Et si on l'était, on le serait su'l'dos des autres. Tu comprends? On sera jamais riches nous aut'.

ADDOLORATA

C'est pas ça qui m'écœure. J'pense que...

Elle hésite.

GIOVANNI

Dis-le. Dis-le, ce qui t'écœure. *Dillo, porcocane!*

ADDOLORATA

J'pense que si on avait été moins malheureux, on n'aurait pas senti qu'on était pauvres.

GIOVANNI

Furieux.

Où est-ce que t'as lu ça, dans ta pile de photoromans? Ou c'est peut-être sur les lignes ouvertes que t'as entendu ça? Comment veux-tu qu'on soit heureux avec le travail que tu fais, avec le travail que je fais, avec la vie qu'on est obligés de mener. *Obligés*! I faut être imbécile pour être heureux dans notre situation, ou se mettre à réciter le chapelet comme ta mère, du matin au soir, pour s'empêcher de réfléchir. C'est pas non plus à la messe qu'on va t'expliquer d'où vient ton malheur.

ADDOLORATA

La messe, c'est notre seule sortie pour nous, les Italiennes... à part les mariages et les funérailles. C'est mieux que rien du tout.

GIOVANNI

La prochaine fois que tu vois le curé, demande-z-i où est passée la Providence du petit catéchisme qui devait s'occuper de nous autres, les pauvres.

ADDOLORATA

Ironique.

Elle est dans les salles de billard, peut-être.

GIOVANNI

Un temps, puis:

Rappelle-z-i, à ton curé, les petites fleurs que sa Providence devait nourrir. L'as-tu oublié? T'en as deux dans la ruelle, de huit et neuf ans. Elles sont de plus en plus fanées parce qu'elles ont eu la malchance de pousser dans un jardin de pauvres où y a jamais de soleil et jamais d'engrais. C'est toujours les mêmes qui reçoivent les outils de la Providence. Toujours les mêmes.

ADDOLORATA

Je vas aller les chercher, moi, les outils.

GIOVANNI

Comment? Comment tu vas faire?

ADDOLORATA

On n'a pas été capable à deux. Je vas essayer toute seule avec mes enfants.

GIOVANNI

C'est *mes* enfants aussi.

ADDOLORATA

I vont même pas s'apercevoir que t'es pas là, tu vas voir.

Giovanni, furieux, gifle Addolorata.

ADDOLORATA

Impassible, un temps.

Ça fait depuis la mort de ma mère que tu m'avais pas
giflée.

GIOVANNI

· C'est mes enfants. C'est mes garçons.

Un temps.

I ont besoin de leur père, ces enfants-là.

ADDOLORATA

Si i ont pu s'en passer jusqu'à maintenant, i vont
pouvoir s'en passer à l'avenir aussi. On s'est bien passé
de nos pères pendant tout le temps qu'i sont restés ici
tout seuls? Y en a eu des milliers...

GIOVANNI

Ça fait dix ans que j'entends les vieux qui ont passé les
années cinquante ici, tout seuls, me raconter des choses
qu'i racontent même pas à leurs femmes. Parce qu'i est
trop tard. Ben, s'i est trop tard pour eux, i est pas trop
tard pour moi. On est toute une génération qu'on a
passé l'enfance loin de nos pères. On est les orphelins de
l'émigration. L'émigration nous a volé nos pères quand
on en avait le plus besoin. C'est pour ça qu'on est tout
fuckés. Demande-toi pas pourquoi ton père a toujours
été un étranger pour toi. Demande-toi pas pourquoi t'as
jamais pu le sentir.

ADDOLORATA

I a toujours été dur avec moi.

GIOVANNI

On lui a pas donné le temps d'apprendre à pas être dur.

ADDOLORATA

Si on était restés au *villaggio*, ç'aurait été la même chose.

GIOVANNI

Tu sais ce que c'est le fascisme? C'est ça qu'i ont vécu. Pour faire oublier la misère aux hommes, on en a fait des petits dictateurs en famille. Et après, on les a chassés des terres qu'ils cultivaient, chassés à la pointe du fusil. C'est pour ça qu'i ont émigré. Comment peux-tu pas être dur avec tes enfants si t'es convaincu que c'est pour eux autres que tu émigres, que c'est pour eux autres que tu quittes tout ce que t'as connu. I avait tellement peur que tous les sacrifices qu'i avait faits servent à rien qu'i m'a jamais laissé faire aut' chose que ce qu'i connaissait, lui. C'est la même chose pour ton père. Cherche pas plus loin.

ADDOLORATA

T'es un lâche. C'est ça que tu te fais raconter par tes ivrognes sur ton comptoir aux petites heures du matin? Vous êtes tous des lâches, de vouloir toujours mettre la faute sur les autres. Ça passe leur temps à parler. Ça boit leur vin et leur café pendant que les femmes et les enfants sont seuls à la maison. J'ai été malheureuse comme une chienne dix ans avec mon père et dix ans avec toi. J'en ai assez de tes histoires d'émigration. Assez. As-tu compris? Ça me rend malade. C'est des histoires de lâches. Tes enfants t'ont pas plus vu même si t'as pas émigré.

GIOVANNI

Porcocane. Tu comprends jamais rien. J'suis pas mieux placé que mon père, moi. Penses-tu que le travail que je fais me permet d'être mieux que mon père? J'sais pas ce que c'est qu'être un père. Comment veux-tu que je le sache, si mon travail me permet pas de voir mes enfants?

Un temps.

Mais toi, tout ce que t'as trouvé comme solution, c'est de me les enlever.

ADDOLORATA

Aie pas peur. Les enfants, s'i ont besoin de toi, i vont venir te chercher.

GIOVANNI

Tu crois qu'i vont venir me chercher?

ADDOLORATA

T'as peur qu'i viennent pas, c'est ça, hein?

GIOVANNI

Oui, j'ai peur qu'i viennent pas, parce que j'ai agi avec eux comme j'ai agi, comme je pouvais. Mais, toi, t'as rien fait pour aider les choses. Tu m'as toujours fait passer pour un monstre, pour un bourreau. «Fais pas ci, je vas le dire à ton père. Fais pas ça, je vas le dire à ton père». A moi les punitions, à toi le reste.

ADDOLORATA

Oui, à moi le reste. Mais *tout* le reste.

GIOVANNI

Malheureuse, toi? Et moi, ce que je ressens, comment ça s'appelle ça? Quand je vois mes enfants avoir peur de moi, comment ça s'appelle ça? Y a-tu un mot pour décrire ce que je ressens? Le connais-tu ce mot-là? Le connais-tu? Est-ce que je devrais être une femme pour avoir le droit de dire que je suis malheureux?

Presque en larmes, il fait une pause.

Moi aussi, j'suis malheureux. Toi, tu crois que c'est moi qui est le seul responsable de ton malheur.

ADDOLORATA

Non! Non!

GIOVANNI

C'est pour ça que tu veux m'quitter comme t'as quitté ton père. Moi... moi, je crois qu'elle est pas ici la cause de notre misère. I faut tout changer. Tout. Tout.

ADDOLORATA

Emue par les larmes de son mari.

Moi, j'peux pas tout changer, Giovanni. Mais je vas changer ce que je peux.

Elle se ressaisit petit à petit.

J'aurais juste aimé aller à l'école plus longtemps, mais on m'a fait rêver en espagnol et j'ai abouti dans une usine et sur la rue Jean-Talon avec toi pour faire une famille pire que celle de nos parents. C'est ça que je veux changer, c'est pour ça que je m'en vais. Notre genre de famille s'arrange toujours pour vivre de la manière la plus misérable possible.

GIOVANNI

Ça sert à rien de couper la misère en deux. Tu vas pas devenir plus riche.

ADDOLORATA

Je vas pas être plus pauvre non plus.

GIOVANNI

Et si tu perds ta job?

ADDOLORATA

J'ai une job sûre, moi.

Ironique.

Grâce à toi.

GIOVANNI

Y a plus de jobs sûres aujourd'hui. On est en pleine crise.

ADDOLORATA

Tu réussiras plus à me faire peur, Giovanni. On perd jamais une job que personne veut.

GIOVANNI

Nerveusement.

Tu pars vraiment là… Qu'est-ce que j'ai fait de si grave? Y a des dizaines de femmes dans le quartier qui vivent pas mieux que toi. Y en a pas une qui quitte son mari.

ADDOLORATA

Parce qu'elles ont peur. Parce qu'elles ont pas d'autres modèles. Parce qu'y a plus de femme en elles: leurs maris ont tout tué. Y en ont fait des cadavres avec plus rien de vivant dans leur ventre depuis leur dernière grossesse. Pourquoi est-ce qu'elles s'en iraient? C'est à la maison qu'elles sont le plus loin de leurs maris. C'est là qu'elles se vengent le mieux avec leurs visages fermés, avec leurs corps enlaidis, avec leur silence. C'est pour ça qu'elles restent.

Long silence.

Non, moi, j'ferai jamais ça à mes enfants.

GIOVANNI

Et moi, as-tu pensé à moi? Je compte pas, moi. J'ai jamais compté pour personne. On me quitte toujours sans me demander ce que j'en pense. Je compte pas, moi.

ADDOLORATA

Je vas plus me sacrifier pour personne, Giovanni. Pour personne.

GIOVANNI

Nerveusement, à court d'arguments.

As-tu pensé à ton père? I vient à peine d'enterrer ta mère.

ADDOLORATA

I va savoir que je l'ai quitté deux fois à dix années de distance.

GIOVANNI

Je compte pas, moi. Qu'est-ce que je vas faire tout seul? Moi, j'ai besoin de sentir qu'y a quelqu'un qui m'attend. *Non posso vivere solo*. J'peux pas. Ça fait vingt ans que je me suis pas senti comme ça, Addolorata, tu comprends? J'peux pas rester tout seul. *Che faccio solo?* Tu peux pas partir. Tu peux pas. *Non posso vivere solo*.

> *On entend la musique qui accompagnait le monologue de l'enfant.*
> *On fait l'obscurité.*

FIN